AF249534

LETTRE

À M. LE VICOMTE

DE CHATEAUBRIAND.

IMPRIMERIE D'ABEL LANOE.

LETTRE

A M. LE VICOMTE

DE CHATEAUBRIAND,

PAIR DE FRANCE, MINISTRE DES AFFAIRES ÉTRANGÈRES,

Sur l'affaire de M. MAGALON ;

PAR A. BARGINET (de Grenoble.)

SUIVIE

Du Rapport sur les Prisons, par M. *Alexandre* DELA-
BORDE, député du département de la Seine.

> Ce n'est pas sous le feuillage des bois et au fond
> des fontaines que la vertu paraît avec plus de
> puissance ; il faut la voir à l'ombre des murs des
> prisons, et parmi des flots de sang et de larmes.
> (*Génie du Christianisme*, liv. III, ch. XII.)

PARIS,

PLANCHER, LIBRAIRE, QUAI SAINT MICHEL, N° 15.

1823.

LETTRE

A M. LE VICOMTE DE CHATEAUBRIAND,

PAIR DE FRANCE.

MONSIEUR LE VICOMTE,

Profondément affligé d'un événement inouï
dans les fastes des partis, et que les hommes
les plus exagérés ont flétri, comme tous les
citoyens honnêtes, d'une désapprobation sévère; souffrez que la voix de l'amitié s'élève
vers vous et vous redemande Magalon. Oui,
Monsieur, la France avec tous les gens de
lettres attendent de vous cet hommage public
aux principes de morale et de liberté consti-
tutionnelle, que vous avez professés dans l'honorable foyer de l'écrivain paisible, ou comme
pair du royaume à la tribune nationale. Assis
parmi ceux qui possèdent la confiance du Mo-
narque, c'est à vous qu'il appartient de l'éclai-
rer dans une circonstance aussi triste, et qui
a dû nécessairement rappeler à votre cœur ses
premières illusions et ses premiers plaisirs.
Ce n'est donc point, Monsieur, l'inutile et
vaine ambition d'exciter ce qu'on appelle au-

jourd'hui du scandale, qui me fait vous adresser des plaintes, qu'une génération d'hommes
libres et égaux devant la loi sera étonnée d'entendre. Ce n'est pas ma faute si l'administration compromet elle-même sa propre dignité,
en laissant penser qu'elle ordonne des actes op-
pressifs et illégaux; qui tendent au renverse-
ment de cet ordre social, pour la conservation
duquel les hommes se disputent le pouvoir.
Que la responsabilité ministérielle existe de
droit ou de fait, il n'en est pas moins vrai que
les conseillers de la couronne sont chargés des
actes de l'administration, non seulement devant les chambres législatives, mais encore
devant l'opinion publique, dont ils ne peuvent
révoquer la compétence et le pouvoir: c'est le
champ de mai de nos pères, dont la liberté
de la presse nous offre encore l'image et nous
restitue de tems en tems l'imprescriptible sou-
veraineté. Mais ce n'est point cependant, Monsieur, dans votre caractère officiel que je vous
prie de prendre en considération le sort de
mon ami; j'espère seulement que M. de Châteaubriand, convaincu que la pensée des partis est toujours au fond généreuse et grande,
ne se laissera pas influencer par ces froides et
perfides insinuations, habilement semées au-

tour du pouvoir. En second lieu, j'estime trop votre caractère et votre talent pour croire que vous puissiez prendre en mauvaise part les qualifications personnelles dont je me sers en vous écrivant. Loin de moi, l'idée déraisonnable de vouloir m'affranchir brutalement des concessions sociales ; mais il y a des supériorités plus respectables pour moi que les supériorités politiques ; mon choix, en vous écrivant, ne pouvait être douteux. Je m'adresse donc à l'auteur du *Génie du Christianisme* et *des Martyrs* : ce titre, qui l'honore plus à mes yeux que les hautes dignités dont il est revêtu, me permet cependant de lui ouvrir mon cœur avec plus d'abandon. Quoique vous soyez placé, par vos talens, Monsieur, dans une sphère d'où je dois être inaperçu à vos yeux, le sentiment qui me fait seulement voir en vous un homme de lettres m'élève moi-même, et me fait adopter les flatteuses illusions et les charmes de l'égalité.

Maintenant, Monsieur, distrait un instant des grands intérêts qui vous occupent et vous réclament sans cesse, veuillez accorder quelque attention au récit douloureux que j'ai l'intention de vous faire. Vous ne pouvez être sans pitié pour des souffrances qui vous auraient menacé dans d'autres tems, sans l'inviolabilité attachée à la pairie, et que le génie capricieux des révolutions peut imposer un jour à ceux qui osent aujourd'hui s'en faire les apologistes : puisse ce jour être loin de nous! Je vais oublier, en vous écrivant, les cruautés que j'ai éprouvées moi-même, et qui ont laissé dans mon âme les traces d'une indignation dont j'ai de la peine à modérer les transports. Aucune récrimination, aucun mot dicté par ces amers souvenirs ne viendront remplir ces pages, que l'amitié désolée doit seule empreindre de sa force et de son dévouement. J'entends encore le bruit des fers, dont furent chargées les mains honorables de mon cher Magalon ; je découvre, au milieu d'une multitude stupide et trompée par d'indignes apparences, le hideux cortége des malfaiteurs auxquels on a osé le joindre... Je le vois couvert des vêtemens réservés à l'infamie, partageant des travaux étrangers à ses habitudes et à son éducation, et ne recevant qu'une dégoûtante nourriture... Ce tableau affreux, mais fidèle, dont je ne puis détourner mes regards, ne me permet pas de me livrer à des digressions inconvenantes. Je brûle de satisfaire au besoin de mon cœur, en vous instruisant de tout ce qui s'est passé dans cette horrible affaire, et en répondant aux inhumaines et dédaigneuses objections des journaux ministériels.

M. Magalon, jeune encore, partageant la haine exaltée des habitans du Midi pour le glorieux oppresseur de la patrie, prit les armes contre lui et se joignit aux défenseurs de la cause royale, à une époque où de grands destins allaient finir, et où une leçon forte et terrible se préparait pour les rois et pour les nations. Hélas! personne n'en a profité. Mon ami n'est pas le seul compagnon du duc d'Angoulême, qui, fidèle aux principes et aux sentimens manifestés dans les champs du Languedoc et de la Vendée les armes à la main, soit aujourd'hui dans les rangs de l'opposition. Vous apprécierez, Monsieur, les raisons délicates qui m'empêchent d'appuyer cette opinion de preuves suffisantes. Telle est la seule action politique de la vie de M. Magalon. Doué d'un caractère heureux et paisible, il s'adonna entièrement à des travaux littéraires, qui furent couronnés de plus d'un succès. Il a fait son cours de droit dans les écoles célèbres de Grenoble, d'Aix et de Toulouse; et c'est pour soutenir sa thèse et ache-

ver son stage qu'il vint à Paris, après avoir
conclu un mariage d'inclination, dont une
catastrophe épouvantable devait bientôt trou-
bler la douceur.

J'ignore, Monsieur, quelles furent les raisons qui déterminèrent mon ami à acquérir
la propriété du Journal intitulé, l'*Album*. Ce
n'était point certainement dans l'intention de
s'y livrer à des discussions politiques, qui ne
sont point dans son caractère, M. Magalon est
un jeune homme de beaucoup d'esprit, et
l'opposition dans laquelle il s'est montré était
tout-à-fait inoffensive. Je crains bien que les
personnalités, que cet ouvrage renfermait quelquefois, aient plus allarmé le pouvoir que les
principes dont il avait entrepris la défense.
Je ne prétends point, Monsieur, m'ériger en
censeur des jugemens qui ont condamné l'*Album* et ses rédacteurs; mais il m'importe de
vous prouver combien la mesure prise envers
M. Magalon est injuste et cruelle, en analy-
sant les motifs qui l'ont décidée.

On n'a point assez défini, dans la loi répres-
sive de la presse, les abus auxquels l'exercice
de ce droit constitutionnel pouvait donner
naissance. Cela est naturel : cette loi ne fut
point destinée à punir des délits ordinaires ;

présentée, discutée et proclamée dans un tems où tout était remis en question, cette loi, dont le gouvernement lui-même doit un jour sentir tous les vices, cette loi, dis-je, priva réellement les Français de la liberté de la presse. Le contraire ne peut être soutenu que par l'esprit de parti et la mauvaise foi; mais c'est ainsi qu'on nous a toujours combattus. Quoi qu'il en soit, est-il au pouvoir d'un tribunal de décider quels élémens doivent entrer dans une question littéraire? Cela rappelle les arrêts ridicules du parlement sur la doctrine d'Aristote; et il était réservé à un siècle comme le nôtre de voir renaître de semblables inepties et de les solenniser par des lois. Est-ce que la question philosophique la moins compliquée ne touche pas à toutes les combinaisons de l'ordre social? Est-il possible de discuter un point de morale sans faire intervenir la législation et les moyens de gouvernement? Ainsi, puis-je élever une controverse religieuse sans entrer dans les développemens de ce sujet important, et qui touche à toutes les questions agitées dans les discussions politiques et dans les assemblées parlementaires? Non, sans doute, Monsieur: et si je parcours le *Génie du Christianisme*, ne vois-je pas que cet ouvrage, empreint de tant de beautés, est à-la-fois l'œuvre d'un littérateur et d'un écrivain initié dans tous les secrets de la politique et de la diplomatie. Mais il faut se hâter d'avouer que la loi du 19 mars 1822 a un double effet à produire : le premier résulte du texte même; on semble ne toucher à aucun droit et ne vouloir véritablement que réprimer des abus; le second est un effet occulte, mais qui s'étend à toutes les productions de l'esprit; cette loi, enfin, est la paraphrase de ces paroles de Laubardemont : *Donnez-moi trois lignes de cet homme, et j'y trouverai de quoi le faire pendre.*

Voilà la vérité dans son expression la plus franche et la plus simple. D'un autre côté, Monsieur, si je respecte la chose jugée, il n'en sera certainement point ainsi de la décision ministérielle qui a supprimé l'*Album.* Cette décision fut injuste, parce qu'elle était illégale. Mais je n'entrerai point ici dans l'examen de ce fait, qui malheureusement a eu plus d'un exemple; mon intention a été de vous prouver que la plupart des condamnations prononcées en vertu de la loi du 19 mars, sont d'une sévérité excessive, et que l'administration ne doit pas ajouter, par des cruautés inutiles, à la dureté de la peine infligée par les tribunaux. Eh ! quoi, vous rassemble-riez toutes les horreurs des prisons pour des hommes honorables, et dont le délit est imaginaire ! Quoi, c'est au mépris de toutes les lois morales, de toutes les coutumes des peuples policés, que ces infortunés seront attachés à la même chaîne que le malfaiteur.....

En second lieu, Monsieur, je crois, moi, qu'un gouvernement doit être un honnête homme; et quand, en vertu du droit du plus fort, il a dépouillé un citoyen de sa propriété, peut-il ajouter à la violence de cet acte par un attentat que réprouve la morale dont il se proclame le défenseur, un attentat que condamne une religion de clémence et de douceur dont il se fait l'apôtre moderne ? Ah ! donnez-nous des bourreaux ! que nos têtes proscrites roulent sur les échafauds ! mais n'essayez point d'avilir ce que les sociétés ont de plus respectable, je veux dire les hommes qui défendent les intérêts nationaux et dirigent les lumières du siècle.

Je vous demande pardon, Monsieur, d'être entré dans quelques détails à l'égard de la culpabilité de M. Magalon : ils étaient importans dans le but que je me suis proposé; et si vous voulez bien conserver dans votre esprit ces considérations morales, elles serviront sans doute à ajouter à l'horreur des faits qui vont suivre.

En conséquence de la publication de l'*Album*, M. Magalon, propriétaire et rédacteur de ce Journal, fut condamné à treize mois de prison. Il avait d'abord été arrêté avant qu'aucune instruction eût été faite ; on lui refusa souvent la faveur bien légitime de prendre une voiture de place pour se rendre de la prison au tribunal ; il fut entassé avec douze ou quinze malheureux dans une cariole d'osier qui sert à transférer les individus condamnés par le tribunal de police correctionnelle. Ces rigueurs inusitées n'étaient que le prélude de persécutions plus affreuses. M. Magalon, placé à Sainte-Pélagie, dans le corridor qui avait été *exclusivement* réservé aux détenus pour *délit politique*, ne put jamais obtenir la satisfaction de recevoir sa jeune épouse dans la chambre que je partageais avec lui. Il existe cependant un arrêté de M. le préfet de police, qui permet aux parens des condamnés pour délit politique, de pénétrer dans le corridor qu'ils habitent, et de leur donner des consolations dans le lieu même où ils passent le temps de leur détention. Madame Magalon ne devait plus jouir de la satisfaction inappréciable de confier en secret à son mari les détails de ses affaires; Magalon ne devait point sécher les larmes de sa compagne désespérée; privé à-la-fois des consolations de son amitié et des douceurs de l'hymen, il était déjà dévoué au supplice qu'il subit encore à la face de la France. Je ne puis passer sous silence un fait qui doit être recueilli par l'Histoire et dénoncé aux générations futures : quand madame Magalon se présenta à la préfecture de police elle sollicita en pleurant la permission de communiquer avec son époux; un commis eut l'effronterie de lui répondre, avec cette ironie cruelle qui rappelle une époque épouvantable : *Vous aimez donc bien votre mari? c'est donc un homme bien aimable que monsieur Magalon?....* J'en appelle à toutes les épouses, à tous les cœurs généreux, à vous, Monsieur, dont les ouvrages sont inspirés par la sensibilité la plus pure; ce langage n'est-il pas horrible? Comment l'administration ne surveille-t-elle pas ses agens. lorsqu'ils insultent impunément ce que le malheur a de plus respectable et la société de plus moral? Qui pourra donc désormais inspirer l'intérêt ou, si l'on aime mieux, la pitié des hommes; si ce n'est un jeune écrivain dont la belle âme et le beau talent sont une des espérances de la patrie ? Qui pourra donc attendrir le pouvoir irrité, si les pleurs d'une jeune épouse sont l'objet des rebuts insultans d'un commis? Non, je ne puis associer mon cœur à cette affreuse idée; non, ce n'est pas sous le gouvernement d'un Bourbon que de telles atrocités doivent être approuvées ou rester impunies ; non, Monsieur, vous ne repousserez pas les plaintes que j'ose vous adresser : homme de lettres, vous gémirez avec moi : ministre du Roi, vous ferez rendre justice à mon ami.

C'est à peu près à l'époque dont je viens de vous parler, Monsieur, qu'une décision ministérielle supprima l'*Album*. M. Magalon perdit sa propriété ; il espérait que cette mesure serait le terme des persécutions qu'il était destiné à endurer : il ne devait pas en être ainsi.

Magalon habitait à Sainte-Pélagie la même chambre que moi ; ses malheurs n'avaient point altéré la douce sérénité de son âme : il m'en révéla dans la solitude toutes les qualités estimables. Nous étions tous les deux sans alarmes, et l'avenir ne nous occupait point,

seulement nous formions des projets littéraires qu'un instant de réflexion nous faisait
abandonner. Hélas ! c'est à notre âge que toutes
les illusions se dissipent dans les fers : on ne
sent plus, on ne pense plus comme on pensait ;
un peu de défiance se mêle à toutes les espérances qu'on peut concevoir ; on a toujours
dans son cœur une pensée triste et doulou-
reuse qui domine toutes les actions de la vie ;
et, froissé par les hommes, on ne les voit plus
qu'avec peine ; on craint d'outrager la vertu
en les croyant capables de la pratiquer : tel
est l'effet inévitable que produit une peine ou
trop sévère ou non méritée sur des jeunes gens
ardens et chez qui un sentiment est toujours
une sensation exaltée.

« Le 22 avril, à cinq heures du matin, nous
fûmes éveillés par le bruit des clés ; notre
porte s'ouvre ; l'amitié est inquiète et facile
à allarmer ; je m'élance de ma couche, et j'apprends qu'on va me séparer de Magalon !.. Il
me serait difficile, Monsieur, de vous pein-
dre l'effet que produisit sur moi cet ordre
inattendu. Dieu sait quelles furent alors mes
pensées : puissent-elles du moins avoir monté
jusqu'à lui !.. Enfin, je pressai la main de mon
ami ; il n'avait besoin ni de consolation ni de

courage : les longues guerres produisent des
héros , et les persécutions des martyrs généreux.... Magalon me recommanda son épouse:
je me suis acquitté de ce soin pénible et tou-
chant que me confia l'amitié. Magalon , saisi
par des gendarmes , fut lié à un misérable, qui
fier de ses anciens crimes , ne sentit pas qu'il
pouvait les expier en partageant le sort d'un
honnête homme. Il aima mieux proclamer
l'infamie dont il était couvert, et ajouter ainsi
au supplice de mon ami... Je ne dis plus rien,
mon cœur se serra , et quelques larmes tom-
bèrent de mes yeux.... Ce sont les seules que
j'aie répandues depuis mon enfance.

Pardonnez , Monsieur ; l'émotion que j'é-
prouve en me rappelant ces tristes détails, ne
me permet pas de les rapporter ici dans toute
leur étendue. Vous apprécierez sans doute le
sentiment qui m'empêche de vous montrer
Magalon sur la route de Poissy... Je l'avoue ,
je craindrais d'oublier que j'ai l'honneur de
vous écrire en me servant des expressions
qu'une juste indignation me suggérerait. D'ailleurs , les faits ne sont que trop connus ; les
journaux ministériels n'ont pu en atténuer
l'horreur. Un honorable député a bien voulu
se transporter lui-même dans la prison épou-

vantable où gémit mon cher Magalon ; il a publié dans un journal un rapport circonstancié qui ne laisse aucun doute sur le traitement affreux dont il est l'objet ; et Magalon est encore à Poissy ! Des journaux, rédigés dans l'esprit de doctrines exagérées que nous n'approuvons pas, se sont unis aux écrivains distingués et aux hommes honnêtes qui ont pris sa défense, — et Magalon est encore à Poissy ! Citoyens généreux de toutes les opinions, qui avez plaidé la cause de mon malheureux ami, recevez ici le tribut de ma vive et sincère reconnaissance. Ah ! ne désespérons pas d'une nation où la voix des partis est réduite au silence quand les lois de l'humanité sont foulées aux pieds !

On a osé dire que la loi ne faisait aucune différence entre les condamnés à la prison, et que M. Magalon avait été enveloppé dans une mesure générale. Ils sont bien à plaindre ceux qui profèrent froidement cet atroce blasphème. Je leur demanderai, moi, si la loi relative aux délits de la presse, comprend les délits d'un autre genre ? Je leur demanderai si la loi qui condamne les gens de lettres à la prison est la même loi qui frappe les voleurs et les escrocs ? Non, sans doute ; nous avons été condamnés en vertu d'une loi de spécialité,

en vertu d'une loi qui établit , pour le juge-
ment , des formes différentes à notre égard.
Ne serait-il pas absurde de soutenir que notre
prison doit être commune avec celle des malfaiteurs ? Le préfet de police chargé de la sû-
reté des maisons de détention devrait , ainsi
que les autorités administratives des dépar-
temens, n'exercer sur nous qu'une surveil-
lance inaperçue ; il n'a pas plus qu'elles
le droit de prendre de décisions à notre
égard ; nous sommes les prisonniers du gouvernement, et non pas ceux de la société.
Quel étrange abus des choses et des mots ! La
loi sera protectrice, et il dépendra de l'administration de la rendre oppressive , immorale
et cruelle ! Un homme de lettrés sera traité
comme un voleur , parce que le voleur et
l'homme de lettres sont condamnés à la prison ! Est-ce bien dans le cœur d'un homme
jouissant de toutes ses facultés intellectuelles
qu'a pu germer une idée aussi ignoble , aussi
révoltante ?

Certes, Monsieur, les raisons morales que
je pourrais faire valoir contre l'attentat hideux
dont je me plains, suffiraient pour vous décider à m'accorder votre haute protection ; mais
comme on n'a pas craint d'interpréter la loi,
en la faisant servir à l'accomplissement d'une

mesure infâme, j'ai préféré lui faire parler son véritable langage. Je ne donne point à cette discussion toute l'étendue qu'elle pourrait comporter. Quand on parle à un homme comme vous, si supérieur par son génie, ses lumières, et les dignités dont il est revêtu, on doit être économe de réflexions, parce qu'elles seraient au-dessous de celles que vous ferez sans doute vous-même. Mais il y a plus, je ne sais pas, si c'est une ordonnance royale ou une décision ministérielle qui a prescrit le transférement, dans la maison de Poissy, des condamnés pour délit correctionnel; quoi qu'il en soit, cette mesure viole évidemment la loi, elle est contraire à l'esprit et à la lettre du code pénal. La peine qu'on subit à Poissy n'est pas la simple privation de la liberté, comme la loi définit la détention; c'est la peine de la réclusion dans toute son horreur et son infamie. On ne peut nier que l'exposition au carcan ne soit une peine douce en comparaison de celle que subissent ceux qui sont transférés de Sainte-Pélagie à Poissy. Attachés deux à deux, ils traversent ainsi Paris, désignés à l'opinion publique comme des criminels. Ainsi un jeune homme de lettres, dont le crime fut d'être le propriétaire d'un journal qui déplaisait à l'autorité, a, de fait, subi l'exposition et la réclusion....

Non, Monsieur, non, vous ne pouvez approuver cet assassinat juridique ; vous ne voudrez point que la France vous associe à ceux qui, par erreur sans doute, ont ordonné la mort de mon ami ; car au moment où j'écris, l'infortuné Magalon luttant avec peine contre un sort si funeste, ne trouve plus de forces physiques qui égalent les forces de son âme. En proie à toutes les douleurs, accablé des dégoûtantes infirmités qui accompagnent les malheureux entassés à Poissy, il est atteint d'une maladie grave et dangereuse qui mettra bientôt un terme à sa vie et à ses longues souffrances. Hélas ! faudra-t-il, quand je serai rendu à la liberté, que j'aille avec sa veuve désolée évoquer sa jeune ombre au milieu des tombes solitaires et ignorées de ceux qui meurent dans les fers ? Quelle inscription placerai-je sur la pierre consacrée par les regrets de l'amitié?... Ah ! cette idée déchirante qui devrait anéantir toutes les forces de mon esprit, me rend au contraire les lueurs consolantes de l'espérance. Quelque chose me dit que je fus bien inspiré, et que je reverrai mon ami.

O ! mon cher Magalon, puisse ma voix

(23)

plaintive appeler sur toi un bras généreux et
puissant ! Qu'il me serait doux de penser que
j'ai contribué pour quelque chose au soulage-
ment de tes peines ! Puissai-je encore te voir
sourire dans les doux épanchemens de notre
amitié ! puissai-je te voir rendu à ton épouse,
rassurée sur ton sort.

Et vous, Monsieur, vous dont le nom a pé-
nétré dans mon cœur comme l'augure d'un
bienfait, si la justice que je sollicite n'est pas
dans vos attributions, mettez aux pieds du
Roi ces plaintes douloureuses que je viens de
vous confier; appelez-en à son âme pour faire
cesser un scandale dont toute la France a
gémi. Un prince juste et éclairé, qui a trouvé
lui-même dans la culture des lettres de si
douces compensations de ses malheurs, ne
sera point insensible à ceux de mon ami : il
est sauvé si votre voix éloquente prend sa
défense; il est sauvé si vous voulez ajouter
aux titres glorieux qui accompagnent votre
nom!......

Je termine ce pénible écrit, Monsieur, et
j'espère avoir tenu ma parole; mais si quelque
expression trop forte m'était échappée, si un
seul mot pouvait vous choquer, pardonnez à
l'émotion qui m'agite, pardonnez à l'amitié

qui m'inspire. Mes intentions ont été pures ; la situation dans laquelle je me trouve ne me permet pas d'employer un autre langage. Ami désolé, j'ai dû me plaindre ; Français, je sais souffrir et ne sais point abaisser le malheur en protestant d'une opinion que je n'ai pas.

Recevez, Monsieur le vicomte, l'expression de mon profond respect.

A. BARGINET (de Grenoble).

Sainte-Pélagie, le 29 mai 1823.

P. S. Il y a long-temps, Monsieur, que j'aurais eu l'honneur de vous faire parvenir cette lettre, si je n'avais su que M. Rouen, compris dans la mesure qui a frappé Magalon, était reconduit dans une des prisons de Paris. Cet événement heureux m'avait fait penser que l'autorité s'était enfin décidée à réparer une injustice criante, commise sans doute à son insu. J'avais trop espéré : trois semaines se sont écoulées depuis, et je n'ai point eu la satisfaction d'embrasser mon ami. Cependant, Monsieur, ces deux jeunes gens se trouvaient dans une situation tout-à-fait semblable : l'un d'eux, M. Rouen, avait été conduit à Bicêtre, et Magalon à Poissy. M. Rouen est de retour :

quelles raisons pouvaient donc retenir la justice à laquelle M. Magalon a des droits si véri-
tables? J'ai confié à votre générosité et à votre
protection les peines d'une épouse et d'un
ami; un autre devoir me reste à remplir aux
yeux de la France, et les menaces dont on se
plaît à me poursuivre depuis quelques jours,
doivent hâter ce moment. Éloigné de ma
famille, je ne connais point dans cette ville un
cœur que puissent affliger mes douleurs!.... Le
malheur a éloigné de moi bien des amis.... Si
la démarche que je fais auprès de vous, Monsieur, pouvait, je ne sais pourquoi, appeler
de nouveau sur ma tête les persécutions qui
ont usé ma jeunesse, je me dévoue avec joie,
pourvu que mon but soit rempli et que mon
ami, plus faible et plus délicat que moi, puisse
respirer un air plus pur et ne soit plus courbé
sous d'humilians travaux. En second lieu, si
une pareille crainte avait pu me retenir, je me
croirais indigne de l'intérêt que je serais heureux de vous avoir inspiré.

ENCORE UN MOT :

(Samedi, 8 Juin, à 5 heures du soir.)

J'apprends qu'un ordre émané du ministère
de l'intérieur rend Magalon aux compagnons
d'infortune qui déploraient son absence à

Sainte-Pélagie. Ce soir, sans doute, ce soir j'embrasserai mon ami.... Que le premier mouvement de mon cœur se partage donc entre la reconnaissance et l'amitié. Honneur aux ministres qui ont pris une décision qui rassure les gens honnêtes, et rend la paix à une épouse désolée. On dit que la faible santé de Magalon a été le motif officiel de cet acte de justice ! Je ne le crois pas, je ne veux pas le croire. Non sans doute, des hommes religieux ne peuvent désirer le rétablissement de la morale, et la proscrire des lois. La raison et l'humanité élèvent encore leur voix en faveur des gens de lettres qui gémissent à Poissy; le retour de Magalon n'est que le prélude d'une mesure généreuse qui consacrera enfin parmi nous un principe sans lequel il n'y a point de nation civilisée. Ministres du Roi, à qui j'offre le tribut de mes remercîmens et de ma vive reconnaissance, ne reculez pas devant la justice ; achevez votre ouvrage ; gouvernez désormais, et n'opprimez pas. Hélas ! l'injustice et la cruauté ne produisent que le désespoir et une exaltation dangereuse. Ne croyez pas que l'autorité perde de sa force en revenant sur des actes irréfléchis et arbitraires, elle s'appuie au contraire sur un principe essentiel au bonheur des hommes comme à la durée des empires.... la reconnaissance et l'oubli du passé. Vous avez fait une loi trop sévère , modérez-en les effets dans l'exécution, au lieu d'ajouter aux rigueurs qu'elle semble consacrer. Ce sera toujours un acheminement vers le bien que vous désirez sans doute , car la force n'a besoin ni d'injustices ni de cruautés. Mais, je ne dois point oublier l'illustre écrivain à qui la lettre qu'on vient de lire a été adressée. J'ai toujours su séparer les hommes d'avec les partis, et les démarches bienveillantes de M. le vicomte de Châteaubriand, dans cette malheureuse affaire, en produisant un excellent effet sur l'esprit public, n'ont fait qu'ajouter à cette idée. Maintenant, à la haute estime que j'avais pour ses talens, se joindra dans mon cœur, un autre sentiment toujours honorable pour l'homme qui en est l'objet , quels que soient, au reste, ses titres et son rang.

SUR LE REGIME DES PRISONS,

PAR ALEXANDRE DELABORDE,

Député de la Seine, et Membre du Conseil-général des Prisons.

(PREMIER ARTICLE.)

Si on disait à un de ces étrangers enchantés du séjour de Paris : il existe un pays régi par une charte qui garantit la liberté individuelle, dans lequel un prince de la maison royale, fidèle à cette charte et zélé pour le bien de l'humanité, préside un conseil de prison, institué pour réprimer ou prévenir les abus de l'autorité; dans lequel un ministre, homme de talent, s'est déclaré naguères le protecteur et le compagnon des talens : eh bien ! c'est dans ce même pays qu'un homme de lettres, d'une éducation distinguée, de mœurs douces, condamné, pour un léger délit politique, à une détention de courte durée, a pu être arraché, en plein jour, par des gendarmes, de la prison qu'on lui avait indiquée, garotté par eux et attaché par une menotte de fer au bras d'un forçat libéré, attaqué de la gale; il a été forcé

de marcher de la sorte devant les chevaux des
gendarmes, et de traverser ainsi toute la capitale pour se rendre à six lieues de là, à une
prison de voleurs, dans laquelle il a été dépouillé de ses vêtemens, revêtu de l'habit ignoble
de la maison, et jeté, au milieu des voleurs, dans un atelier où on l'oblige à travailler
à des ouvrages manuels, qui ne sont confor-
mes ni à son éducation ni à ses forces : certes,
cet étranger ne concevrait pas une pareille
contradiction, et se féliciterait de vivre au milieu de gens plus humains. On lui dirait alors :
ce pays est celui que vous habitez avec tant de
charme, et qui est en effet le séjour des arts,
du goût et de la civilisation; la patrie de Féné-
lon, de Malesherbe, de Montesquieu, des plus
vertueux des hommes comme des plus éclairés.

La peinture que nous venons de tracer est
littéralement ce qui vient d'arriver à M. Magalon, éditeur de *l'Album*, condamné à treize
mois de prison, et que l'on a transféré de cette
manière de Sainte-Pélagie à Poissy. L'auteur
de cet article, ne voulant s'en rapporter qu'à
lui-même de faits aussi graves, s'est rendu à
la prison de Poissy, et a trouvé, en effet, M.
Magalon dans l'atelier de la chapelerie, revêtu

de l'habit des voleurs, et obligé de travailler avec eux. Il s'est assuré que le forçat libéré, auquel on l'avait attaché, avait été mis, en arrivant, à l'hôpital, et s'y trouvait encore; il s'est assuré que toutes les autres assertions contenues dans la lettre insérée dans le *Journal de Paris*, et répétées par plusieurs autres journaux, étaient exactes, sauf toutefois ce qu'on dit de l'obligation où est M. Magalou de manger à la gamelle, et de ne pouvoir rien faire venir du dehors; ceci est une erreur. Il n'y a pas de gamelle à Poissy : cette prison est parfaitement tenue; les détenus mangent dans un réfectoire, où chacun a sa portion séparée, et où l'on peut se procurer à la cantine, sauf les liqueurs spiritueuses, tout ce que l'on désire. M. Magalon a dit à l'auteur de cet article qu'il avait offert aux gendarmes de payer une voiture, ce que l'on accorde aux plus grands criminels, et que le brigadier avait répondu qu'il avait des ordres supérieurs pour le refuser. Nous ne discuterons pas le degré de confiance qu'on peut avoir dans la supposition de ce gendarme, que nous sommes résolus de ne point admettre; mais ce que nous examinerons, c'est jusqu'à quel point on a suivi, à l'égard de M. Magalon, l'esprit et la lettre de

là loi ; comment on a pu assimiler ainsi arbi-
trairement une condamnation politique à une
peine infamante , et traiter un homme d'honneur comme les escrocs et les malfaiteurs,
comme les plus vils des hommes....; je me
trompe , il est des êtres plus vils encore ; ce
sont les agens de l'administration qui se per-
mettraient, s'ils n'en avaient pas l'ordre, d'aggraver, par des mesures odieuses , des peines
déjà très-sévères en proportion des délits.

Voyons ce qui a pu motiver un pareil traitement, d'abord pour le transfert à la prison ;
en second lieu , pour le travail auquel tous les
détenus sont soumis indistinctement.

Les tribunaux , en condamnant un homme
à la prison , s'en remettent, pour les moyens
d'exécution, à l'administration , qui prend à
l'égard des individus les précautions qu'elle
juge convenables pour qu'ils ne puissent se
soustraire à leur sentence; ainsi, c'est par une
simple ordonnance de police que les voleurs,
les escrocs , les gens sans aveu, sont conduits,
les mains liées, à pied, devant des gendarmes;
car ces hommes, la plupart repris de justice,
n'ont d'autres idées que de s'échapper pour
recommencer leur infâme métier ; il est encore naturel qu'on leur donne un vêtement

particulier dans la prison, afin que, s'ils s'é-
chappaient, ils fussent reconnus sur-le-champ
dans les campagnes; mais est-il croyable qu'on
applique ce mode infâme, ces précautions
honteuses, à des hommes bien nés qui se ren-
dent volontairement à toute prison qu'on leur
indique, et qui ne peuvent vouloir jamais s'en
évader; car la peine du bannissement serait
cent fois pire pour eux que celle de leur
courte détention ?

C'est ici le principe de la *liberté sous cau-
tion*, qui devrait toujours être accordée lorsque la plus forte peine du délit n'approche-
rait pas de l'inconvénient de s'y soustraire.
Est-il croyable que l'on traîne ainsi de pareils
hommes en spectacle dans les rues de Paris,
punition plus cruelle que l'exposition au carcan, car elle se reproduit dans tous les quar-
tiers où on passe? Est-il croyable enfin qu'on
attache un honnête homme à un voleur galeux, pour l'exposer à périr d'un mal aussi
dangereux qu'ignoble. Quel est le juge, dit
Bentham, qui a jamais condamné un coupable aux rhumatismes, à la fièvre, aux maladies
contagieuses?

On répond à cette plainte que l'ordonnance
de police est la même pour tout le monde, et

ne fait aucune distinction ; voilà justement ce qui est affreux : et la préfecture de police, qui rend, par an, cinquante ordonnances pour des objets de voierie peu importans, n'en rendrait pas une qui distinguerait les égards, les procédés qui conviennent dans l'application des peines, et dans ce qui intéresse le plus l'honneur et la vie des citoyens! Je passe au séjour des prisons.

L'article 40 du Code pénal porte que « Tout » homme condamné à un emprisonnement, » fût-il seulement d'un mois, serait conduit » dans une maison de correction, et obligé de » se livrer à un des travaux usités dans la mai- » son, à son choix. » Ceci est formel et positif ; mais l'application rigoureuse de cet article est bien le *summum jus, summa injuria*. En se reportant à l'époque où le Code a été rédigé, on voit que dans ces temps, les personnes condamnées pour délits politiques, soit par les tribunaux, ce qui était rare, soit par la volonté seule des gouvernans, étaient enfermées dans des prisons d'état. La liberté de la presse n'existant pas, il ne pouvait y avoir de délits qui ne fussent prévenus par la censure ; et en effet, le Code n'en dit pas un mot. Les délits politiques étaient, en quelque sorte, hors du droit commun.

Il est évident que, dans un tel état de choses, la loi n'avait en vue que les malfaiteurs, et ces mots de *trava'l* et de *correction* n'étaient applicables qu'à eux seuls. En effet, le travail a deux buts utiles pour cette nature de prisonniers : l'un, d'améliorer leur sort, en leur procurant quelque aisance ; l'autre, d'améliorer leurs inclinations, en fixant leurs idées. Rien de tout cela n'est applicable aux hommes indépendans. Tout travail qui n'est ni d'accord avec leurs habitudes, ni nécessaire à leurs besoins, est une augmentation de peines, et en quelque sorte une injure.

Lorsque le chef de l'ancien gouvernement commua en détention indéfinie la peine capitale à laquelle MM. de Polignac avaient été condamnés, l'idée ne lui vint pas de les obliger de revêtir un habit de voleur, et de carder de la laine ou d'éplucher du coton ; cette atroce clémence eût révolté tout le monde, et ces Messieurs eux-mêmes n'auraient point voulu de la vie à ce prix. Or, comment peut-on ajouter aujourd'hui à une simple peine correctionnelle ce qui aurait paru barbare, à cette époque, en échange de la peine de mort ? Mais il est surtout bien pénible de penser que ces mesures ne sont point circonscrites à l'enceinte de Paris, qu'elles sont imposées à toute la France, et qu'elles semblent appartenir à un système général que nous nous abstiendrons de qualifier.

Un particulier non moins recommandable que M. Magalon vient d'éprouver le même sort, et un traitement plus rigoureux encore. M. Ledain, médecin à Parthenay, département des Deux-Sèvres, compromis dans l'affaire de Poitiers, déclaré coupable de non-révélation, et condamné pour ce fait à une détention de cinq ans, a été envoyé, on ne sait pourquoi, à la prison du Mont-Saint-Michel, fort éloignée de son domicile, et d'un séjour très-malsain ; ce qui était en quelque sorte aggraver sa peine. Il y a été conduit par des gendarmes, dans le plus fort de l'hiver dernier, et accouplé également à un scélérat condamné aux travaux forcés, dont il a été obligé de partager sur toute la route la paille et le cachot. Les réclamations les plus instantes à cet égard auprès du ministre et de M. Franchet, directeur de la police, ont été inutiles.

En apprenant de pareils faits, on demandera quelle est l'utilité d'une société des prisons, et de son conseil-général, composé en grande partie de personnes considérables par leur rang et leurs lumières, et présidé par Mgr. le duc d'Angoulême? En effet, cette excellente institution a été négligée comme beaucoup d'autres; le conseil, qui s'assemblait tous les huit jours pendant le ministère de M. Decazes, qui l'avait fondée, ne s'est pas rassemblé une seule fois depuis le ministère actuel; les fonds de la souscription, qui se sont montés pour la première année à 120,000 francs, sont encore sans emploi entre les mains de M. Delessert, qui heureusement les a placés avantageusement; à ces fonds, fournis en 1809, on avait ajouté 500,000 francs, portés pour ce même but dans le budget de cette année.

Si on avait donné suite à cette institution, les souscripteurs auraient continué leurs dons, et on aurait eu à employer plus de trois millions, qui auraient suffi à l'amélioration de toutes les prisons; à adoucir le sort des prévenus, qui sont partout plus mal traités que les condamnés, à construire ou à disposer une maison de détention pour les délits politiques, ce qui éviterait les cruelles mesures que nous venons de déplorer; à tirer enfin des prisons les malheureux aliénés qui, à la honte de l'humanité, se trouvent dans presque toutes, ce qui ne se voit qu'en France. Rien de tout cela n'a été fait, et, sans doute, ne se fera de long-temps ; des dépenses nouvelles et autrement plus considérables absorbent aujourd'hui les deniers publics.

Une seule mesure utile a été adoptée, et, notre impartialité nous fait un devoir de la faire connaître. A la dernière session des Chambres, l'auteur de cet article demanda, par forme d'amendement, qu'une somme fût consacrée pour placer dans une maison particulière de détention tous les enfans prisonniers, au-dessous de seize ans, et qui sont au nombre de 600, afin de les séparer des vieux criminels, et de les ramener au bien. Quoique ce mode n'ait point été adopté en entier, on a cependant reconnu le principe, et des travaux ont été faits à Clairvaux pour réunir 150 enfans dans une partie séparée de la prison. On a le projet de former quatre de ces établissemens en France, qui comprendront tous les enfans. Les amis de l'humanité apprendront avec plaisir cette nouvelle, et les étrangers imiteront sans doute cet exemple.

Quelles que soient les attaques dirigées

3

contre les membres de l'opposition, nous se-
rons toujours disposés à rendre ainsi hommage à l'administration, lorsqu'elle aura droit
à nos éloges, et nous serions heureux qu'elle
nous occupât un peu plus dans ce sens; mais,
d'un autre côté, nous ne perdrons pas une
occasion, pendant ou après les sessions, par
écrit ou à la tribune, d'attaquer les empiéte-
mens du pouvoir. Il est du devoir de tout
honnête homme, mais surtout de ceux à qui
leurs concitoyens ont donné une marque si
flatteuse de leur confiance en les appelant à
les représenter ; il est de leur devoir, dis-je,
de veiller sans cesse sur les dangers qui me-
nacent nos institutions, de consacrer tout leur
temps à chercher à pénétrer jusqu'au fond
des abus, à écarter les voiles trompeurs qui
quelquefois les couvrent, ou les vains fan-
tômes qui s'élèveraient pour les défendre; à
signaler enfin leurs coupables auteurs; d'une
part, à la religion du prince qu'ils auraient
surprise ; de l'autre, à l'animadversion du
pays qu'ils auraient encourue.

(DEUXIÈME ARTICLE.)

Avant de nous élever contre l'assimilation des peines pour des délits différens, nous aurions dû parler de cette même assimilation dans la procédure et les jugemens ; premier outrage fait à la justice, au bon sens, à la morale publique. Le procès de M. Kœchlin nous a ramenés à cet ordre naturel dans l'examen de notre législation.

Quelle est cette enceinte où sont encombrés des gens d'aspect et de maintien si différens ? C'est la salle de police correctionnelle, qui, remplaçant le Châtelet d'autrefois, n'a servi long-temps de tribunal qu'aux escrocs, aux voleurs, aux vagabonds, et qui voit aujourd'hui confondus avec eux, les hommes les plus recommandables. Qui êtes-vous ? demande le président à une malheureuse, prise de vin. — Je suis une fille publique. — Et vous ? — Un voleur repris de justice. — Et vous ? — Un député de la France. Et les murailles ont retenti de ces mots inattendus : *Un député de la France.*

Il exista aussi jadis un tribunal où le président demandait : Qui es-tu ? — Un homme du 2 septembre. — Et toi? — Malesherbe! — Et toi? — Lavoisier! — Et toi?.... Il est des noms augustes que le respect et la douleur empêchent un Français de prononcer; il en est pour nous de trop chers pour en rappeler le triste souvenir.

Loin de nous, toutefois, de vouloir comparer des temps si différens; mais ce qui est mal, ce qui est cruel et déraisonnable à une époque, pourrait-il être admissible à une autre; et la justice et l'humanité ne sont-elles pas indépendantes des temps et des lieux? Aujourd'hui comme alors les mêmes bancs réunissent les plus vils des hommes; les mêmes juges décident de leur sort, leur appliquent la même nature de peines, et l'administration exige qu'ils restent encore confondus pour subir leur sentence. Il n'y a de différence sur ce point, entre ces deux époques que l'échafaud; et certes, au traitement qui les remplace, la mort pourrait ne pas paraître ce qu'il y a de plus pénible; et cependant que faudrait-il pour faire cesser un pareil scandale? Une seule mesure de la part du ministère public, celle de fixer des jours destinés uniquement aux jugemens des délits politiques, et de consacrer une ou plusieurs prisons pour en renfermer exclusivement les coupables ; mais revenons au procès de M. Kœchlin.

Après quatre de ces plaidoiries que nous venons d'indiquer, M° Barthe, avocat de l'accusé, a la parole ; son éloquence mâle fait oublier les dégoûtans débats qui l'ont précédée ; elle semble purifier la salle de ces honteuses traces ; elle semble promettre de convaincre les juges comme elle émeut l'auditoire ; mais il n'en est point ainsi : le ministère public répond, le tribunal prononce, et M. Kœchlin, député, un des hommes les plus industrieux, les plus utiles, les plus vertueux, est condamné à six mois de prison.

Il s'agit actuellement de l'application de la peine, et le *Moniteur* du 5, plus encore que le triste exemple que nous avons signalé naguères, nous apprend *que la loi n'ayant fait aucune distinction dans les délits, l'autorité chargée de l'exécution ne doit en faire aucune pour aucun individu.*

Ainsi donc préparez-vous, gendarmes, à saisir ce représentant d'une province entière. Où sont les cordes qui doivent le garotter, où est le forçat libéré qui doit être attaché à cette main qui jusque là n'a servi qu'à répandre des aumônes, à presser le bras de l'amitié, et, pour son malheur, une fois seulement à épancher les sentimens du cœur ? Cependant l'horrible compagnon est prêt ; est-il attaqué d'un mal contagieux ? on l'ignore , mais il a son crime : c'est un contact plus cruel encore pour l'homme de bien. Où va-t-on conduire ces deux prisonniers marchant ainsi de front? Serait-ce à Poissy ou au Mont Saint-Michel ? Pourquoi pas à Mulhausen ? pour les présenter dans cet état à une famille éplorée , et à des milliers d'ouvriers qui chérissent dans leur chef, leur bienfaiteur et leur père !

Oh ! que les voleurs vont éprouver de joie en voyant entrer cet homme de bien dans leur *Pandæmonion*, en voyant leur costume ignoble remplacer celui de député ! Qu'ils devront se féliciter de leur honteux métier, puisqu'il n'est pas puni plus sévèrement que quelques phrases jugées coupables ! Belles images à leur présenter , et nouvelle manière de les ramener au bien !

Mais, me dira-t-on , comment pouvez-vous supposer qu'on destine à M. Kœchlin de pareils traitemens ? Eh que m'importe ! quand l'administration proclame hautement qu'elle a le droit de l'y soumettre ; quand une foule de gens, moins distingués peut-être, mais toujours recommandables y sont assujétis, et que rien, dans les lois ou les règlemens, ne les en préserve, ce n'est point la conduite de tel ou tel magistrat ou administrateur que j'attaque ici, mais la législation elle-même, et les rigueurs qu'elle permet à l'administration d'y ajouter. J'en appelle à la raison de tout homme de bien, et à la conscience de ceux-là mêmes qui sont divisés d'opinion avec nous sur d'autres questions; qu'ils disent, la main sur le cœur, s'ils n'éprouvent pas, à ce sujet, une indignation semblable à la nôtre; qu'ils disent s'ils croient qu'il existe une représentation nationale, lorsqu'il est dans le pouvoir des autorités d'en avilir les membres, sans que les lois soient suffisantes pour les protéger? Non, ils ne le pensent point; et lorsqu'à la session prochaine, je proposerai une loi pour modifier l'article 40 du code pénal et la forme de procédure de la loi sur les délits de la presse, il est parmi les membres du côté droit, et je le sais d'avance, des cœurs généreux qui sauront m'entendre, des cœurs français qui rougissent d'être soumis à une législation aussi peu d'accord avec le bon sens et avec les coutumes des pays civilisés.

En effet, si même on peut soutenir que les délits de la presse sont plus dangereux pour l'ordre social que de simples vols, jamais il ne sera dans nos mœurs de les assimiler, de confondre l'erreur de l'esprit ou l'écart de l'imagination, avec la bassesse du cœur. On restera toujours l'ami de l'étourdi qui se compromet, quand on ne peut plus éprouver que de la pitié pour le malheureux qui se déshonore ; mais combien ces délits sont encore différens dans un temps de parti et de haines, lorsque la culpabilité est soumise à l'interprétation.

C'est surtout lorsqu'on connaît le régime intérieur des prisons, qu'on est effrayé des aggravations qu'y peuvent éprouver les moindres peines par les préposés de ces maisons, si ce n'est par l'administration qui leur est supérieure. La seule affaire de M. Magalon présente neuf de ces aggravations, dont chacune est plus cruelle que la sentence même, et pourrait être encore augmentée par des circonstances fortuites. Nous allons les indiquer.

L'emprisonnement, dans tous les pays et dans tous les temps, même en France jusqu'en 1815, a toujours été borné à une réclusion simple dans un local étroit garni de barreaux de fer, sous d'énormes verroux, et où la grôlier apporte au détenu une nourriture relative à la dépense qu'il peut faire ou à la somme allouée par l'état au gouverneur de ces maisons pour chaque prisonnier ; tout outrage fait au détenu dans l'intérieur de son cachot , et en quelque sorte en sus de sa sentence, qui est devenue son privilége, a toujours été regardé comme une atteinte à la justice et à l'humanité ; et le gouverneur de la Bastille, qui écrasa l'araignée de Pelisson, passa même dans son temps pour un méchant homme. Voyons ce qui a lieu ou peut avoir lieu aujourd'hui.

1.° Le détenu est tiré de sa prison par des gendarmes et garotté par eux. On voit ici que de mettre seulement la main sur un homme d'honneur, ce qui est déjà un outrage peut devenir à volonté une souffrance très-vive, d'après la manière dont on ajuste les menottes.

2° On l'attache au bras d'un voleur. Outre l'odieux de cette mesure, les hommes auxquels on ose ainsi atteler d'honnêtes gens, sont ordinairement grossiers et méchans, surtout quand on leur manifeste de la répugnance d'être en contact avec eux. On remarque dans les prisons où les délits sont ainsi confondus, une violente haine des criminels contre les autres détenus, et on a découvert dans plusieurs prisons des projets d'assassinat tramés contre eux.

3° Le voleur est galeux. L'affreuse maladie de la gâle est surtout cruelle en prison par le traitement qu'elle nécessite : la chambre consacrée dans l'infirmerie aux galeux, est rarement spacieuse, et lorsqu'ils sont en grand nombre (j'en ai vu jusqu'à trente dans la même pièce, à Bicêtre, et trois galeuses dans le même lit, à la Petite-Force), et qu'on ne peut leur donner de l'air de crainte de la répercussion, l'odeur y est insupportable; le linge qu'on leur donne est le plus grossier, le plus sale de la maison; et comme il y a rarement plus d'un appareil fumigatoire, on doit aller tour à tour s'établir dans cette boîte infecte près des individus sales, et qui souvent ont des infirmités plus dégoûtantes que leurs maladies.

4° Il traverse la capitale ainsi attaché. Ceci n'a pas besoin de commentaire.

5° Il fait six lieues à pied. Cette fatigue, jointe à l'émotion que le malheureux a dû éprouver, peut lui occasionner, à son arrivée, une maladie grave, s'il est d'une santé faible : son compagnon a sans doute augmenté beaucoup aussi les tourmens de sa route.

6° Il est revêtu de l'habit de la prison. Ce vêtement, de grosse laine, pour l'hiver, est propre et de bonne qualité à la prison de Poissy, qui est très-bien tenue ; mais j'ai vu plusieurs maisons où les nouveaux arrivés étaient couverts de vieux vêtemens exhalant des miasmes dangereux.

7° On l'oblige de travailler. L'article de la loi dit que le condamné sera appliqué à un travail usité dans la maison, à son choix. Mais si le directeur veut tourmenter un prisonnier, il lui dit que l'atelier de l'ébénisterie est plein ; que l'entrepreneur de la chapellerie n'a pas fait de commandes ; et après d'autres assertions semblables, il lui offre de balayer les corridors et de vider les baquets ; et à son refus, il l'envoie à la salle de discipline, espèce de cachot où il se trouve dans la compagnie des plus mauvais sujets. Fût-il d'ailleurs employé aussi doucement que possible, il respirerait presque partout un air renfermé, auquel on est long-temps à s'accoutumer. Plusieurs ateliers, tels que ceux des havresacs, de la cordonnerie, ont une odeur très-forte, et celui des peaux de lapin cause souvent des maladies de poitrine.

8° Il est nourri de la pitance de la maison, qui consiste en une soupe maigre, une livre et demie de pain, et ce qu'il peut acheter à la cantine; mais il est rare que les cantines soient aussi bien fournies que celle de Poissy. Ordinairement on n'y trouve que du fromage, de mauvaises salaisons et un vin grossier. Rien ne pouvant venir du dehors, d'après les réglemens, un détenu d'une santé délicate et accoutumé à des soins particuliers, attristé d'ailleurs par la vie qu'il mène, peut contracter une maladie de langueur et dépérir en peu de temps.

9° Il est couché dans le dortoir commun, sans pouvoir être admis à ce qu'on appelle pour les prévenus, *la pistole*. Or, ces dortoirs renferment ordinairement quatre lits. Dans beaucoup de maisons, les détenus couchent deux; dans celles où le nouveau système est adopté, on ne peut éviter encore que les vieux matelas ne se remplissent de puces et de vermine : mais ce qui est plus pénible, c'est le mauvais air qui règne dans ces salles, surtout pendant les longues nuits d'hiver. On conçoit en effet que, lorsque depuis 6 heures du soir jusqu'à 7 heures du matin, quarante ou cinquante individus sont enfermés dans la même pièce, l'air vital est bientôt corrompu par les émanations de tout genre, et surtout par les vapeurs alkalescentes des baquets. Quoiqu'on ait fait beaucoup d'améliorations aux prisons de Paris, il existe encore à la Grande-Force une salle où couchent 60 détenus, et dans laquelle, en y entrant à sept heures du matin, un jour de l'hiver dernier, la lumière s'éteignit, dit-on, faute d'oxigène, avant d'arriver au bout de la salle.

On nous pardonnera de nous être si fort étendus sur ce pénible sujet, quand on pense qu'il ne s'agit pas seulement de M. Magalon, mais de trois cents personnes qui existent dans les prisons de la France, condamnées pour délits analogues au sien et traitées absolument de même. La seule prison de Poissy en renferme cinquante. D'après la multitude des emprisonnemens de ce genre, tout homme qui écrit ou qui parle s'expose à éprouver le même sort, et la société toute entière se trouve intéressée à l'amélioration des prisons comme à celle des auberges, des routes, des diligences.

Ce qui peut le plus avancer ce résultat important, c'est d'attirer sans cesse l'attention publique et la sollicitude des gens éclairés sur ce point. Nous avons éprouvé un vif plaisir à la lecture d'un écrit qui vient de paraître sur le même sujet ; il est d'un jeune homme dont le nom est déjà bien cher aux amis de l'humanité, de ce généreux Bousquet-Deschamps, qui alla volontairement se confiner à Barcelone pour soigner les malades , qui reçut les derniers soupirs de Mazet , et qui , à sa rentrée en France, se rendit à la prison qu'il devait habiter pour s'y consacrer uniquement à la consolation de ses malheureux compagnons. Les renseignemens qu'il a recueillis sont ceux d'un homme qui a jugé les faits par ce qu'il a vu, et par ce qu'il a souffert.

C'est ainsi que la jeunesse qui s'élève , remplace la gloire des armes par celle des sciences, des lettres , des services rendus aux hommes ; c'est ainsi qu'elle répond aux calomnies dont le parti de l'ignorance voudrait l'abreuver. A la dernière séance de la Société de la morale chrétienne , on a appris avec un vif intérêt qu'il s'était formé une réunion de jeunes gens distingués par leur rang, leur fortune et leurs lumières , dans le but d'étudier particulièrement et de secourir toutes les classes de malheureux ; ils se sont partagé dans Paris la visite des établissemens de charité : l'un d'eux, M.

Odier , fils du riche négociant de ce nom , a
fait un rapport sur le commencement de leurs
travaux ; on sollicite pour eux aujourd'hui
l'admission à la visite des prisons , où ils brû-
lent de porter des consolations et des secours.

Bons jeunes gens, qui vous êtes engagés ainsi
volontairement au service de l'humanité , ne
vous découragez pas dans le noviciat pénible
de la bienfaisance. Sans doute le spectacle des
misères humaines convient moins à votre âge
que celui des illusions douces de la vie ; sans
doute la carrière que vous entreprenez ne mène
ni aux honneurs , ni aux emplois lucratifs , ni
même aux succès de société ; mais, lorsque le
malheureux à qui vous aurez sauvé l'honneur
ou la vie pressera vos mains dans les siennes
sans pouvoir proférer une parole ; lorsque vous
verrez des larmes rouler dans ses yeux fixés
sur les vôtres , vous éprouverez alors un charme
que ne donnent ni les honneurs ni les emplois,
ni les succès de la société.

« Ce qu'il est heureux de posséder avant
tout , dit naïvement Madame de Sévigné , c'est
une belle et bonne âme ; cela tient lieu de
bien des avantages.